EXPOSÉ DES MOTIFS

ET

PROJET D'ORGANISATION

POUR L'AMÉLIORATION DES CLASSES INFÉRIEURES

DE LA MARTINIQUE,

PAR L'INSTRUCTION RELIGIEUSE.

EXPOSÉ DES MOTIFS

ET

PROJET D'ORGANISATION

POUR L'AMÉLIORATION DES CLASSES INFÉRIEURES

DE LA MARTINIQUE,

PAR L'INSTRUCTION RELIGIEUSE,

PRÉSENTÉS AU CONSEIL COLONIAL, EN SÉANCE SOLENNELLE, LE 13 JUIN 1837,

PAR M. L'ABBÉ CASTELLI,

PRÉFET APOSTOLIQUE DE LA COLONIE.

PARIS,

IMPRIMERIE DE H. FOURNIER ET Cᵉ,

RUE DE SEINE, 14.

1837.

EXPOSÉ DES MOTIFS

ET

PROJET D'ORGANISATION

POUR L'AMÉLIORATION DES CLASSES INFÉRIEURES

DE LA MARTINIQUE,

PAR L'INSTRUCTION RELIGIEUSE.

Monsieur le préfet apostolique demande la parole et monte à la tribune. Il s'exprime en ces termes :

Messieurs,

« D'après l'invitation qu'a daigné m'adresser monsieur le gouverneur, et désirant répondre dignement à la confiance dont vous voulez bien m'honorer, je me suis empressé de venir aujourd'hui au milieu de vous, en ce lieu de vos séances solennelles, qui réunit dans son enceinte l'élite de nos habitants de la colonie. J'y viens, Messieurs, afin de vous exprimer toute ma pensée et vous donner, en même temps, les éclaircissements que vous pourriez désirer sur le projet d'instruction religieuse qui vous a été présenté par le gouvernement de la colonie.

« Depuis long-temps j'avais reconnu la nécessité de propager l'instruction religieuse dans tous les quartiers de l'île ; j'avais même trouvé cette conviction dans l'esprit de quelques habitants placés parmi les plus notables du pays ; mais notre clergé, quoique plein de zèle et de dévouement, n'était pas assez nombreux pour accomplir une œuvre aussi vaste et aussi importante.

« Ce fut au commencement de cette année que M. le gouverneur me fit l'honneur de m'entretenir à ce sujet, et m'invita à rédiger un *exposé des motifs* suivi d'un *projet d'organisation*, indiquant les moyens les plus convenables à employer, de manière à pouvoir améliorer la situation morale et matérielle de la classe inférieure, et à assurer en même temps la prospérité présente et à venir des colons.

« Intimement convaincu que le bien qui doit résulter de ce projet ne peut être que fort précieux pour la religion et pour le pays, je me suis empressé de répondre aux vues nobles et généreuses de M. le gouverneur, en rédigeant ces deux documents dont je vais avoir l'honneur de vous donner lecture. »

EXPOSÉ DES MOTIFS

*Sur la nécessité de propager l'instruction religieuse
dans tous les quartiers de la colonie.*

La situation morale et matérielle où se trouvent
les populations inférieures de la colonie ; le chan-
gement d'idées qui s'opère autour d'elles à une
époque de transition visible vers un nouvel ordre
de choses ; et principalement l'état d'ignorance com-
plète où elles sont plongées : toutes ces choses ne
sauraient produire que des conséquences fâcheuses,
de nature à compromettre les intérêts de la religion,
la paix et la prospérité coloniales.

« Cette situation est pénible et difficile; elle est
digne d'attirer l'attention des hommes sages et
éclairés, et semble réclamer avec urgence toutes les
sollicitudes du pouvoir bienveillant et conservateur
du gouvernement, en même temps que des soins
assidus de la part du clergé.

« Quoique nous jouissions en ce moment dans le
pays d'une grande tranquillité, grâces à la haute
sagesse du gouvernement et à l'amélioration du ré-
gime intérieur des ateliers, nous n'avons pas moins
à craindre le retour de ces crimes de toute espèce
qui ont tant de fois affligé les familles de la colonie;
car la cause du mal (je veux dire l'*ignorance* et la
superstition qui se trouvent dans les masses de nos
populations inférieures), cette cause, dis-je, restant

toujours la même, les effets n'en sauraient nullement changer.

« En examinant de bien près cet état de choses, il
est difficile de ne pas reconnaître que les secours
d'une instruction religieuse sont en ce moment, dans
la colonie, d'une nécessité absolue, afin d'éclairer
les esprits et d'imprimer une direction sage et régu-
lière à cette multitude d'intelligences, qui n'ont
pas la moindre notion d'ordre ni de vie sociale, et qui
ne savent nullement comprendre l'importance de
l'accomplissement des devoirs que leur prescrivent
les lois et la religion.

« Un des chefs suprêmes de notre sainte Église
(Benoît XIII), a proclamé hautement cette grande
vérité que l'on ne saurait trop méditer : *L'ignorance*,
dit-il, *est l'origine de tous les maux.*

« En effet, comment l'homme pourrait-il pratiquer
les maximes de vertu, d'honneur et de sagesse ;
comment saurait-il marcher dans des voies de justice, d'honneur et de probité, s'il n'a aucune idée de
justice ni de vertu ; s'il ne connaît ni Dieu ni les
hommes ? s'il ne se connaît pas lui-même, ni son
origine primitive, ni ses devoirs présents, ni sa des-
tinée future ? L'esprit entouré de ténèbres vit es-
sentiellement dans l'erreur ; c'est un voyageur qu
marche en aveugle et sans guide sur le bord de pré-
cipices sans nombre, qui tombe à chaque pas, ren-
verse tout ce qu'il trouve devant lui, et finit par se
perdre dans les mille sentiers épineux d'une vie téné-
breuse.

« Il ne s'agit point ici sans doute d'initier cette masse de nos populations inférieures de la colonie aux études des hautes sciences; cela ne serait ni possible, ni nécessaire; tout ce qu'il nous faut ici, c'est une *simple instruction religieuse.*

« L'urgente nécessité de propager cette instruction dans tous les quartiers de la colonie est généralement sentie par tous les hommes sages et éclairés du pays; ils la demandent avec empressement. Nous sommes d'autant plus sûrs d'avance des précieux résultats de cette instruction chrétienne, que la religion se trouve ici dans un état de prospérité toujours croissante; elle a dans le pays un ascendant légitime sur tous les esprits; nos colons, je leur dois rendre hautement cet hommage, ne cessent de l'entourer de leur zèle et de leur vénération.

« La religion, en même temps que la foi impose des dogmes mystérieux et des vérités sublimes inaccessibles à l'intelligence bornée des hommes, prêche des vérités essentielles, d'une nécessité pratique, et celles-ci sont simples et à la portée de tout le monde; elle sait donner à chaque esprit la nourriture qui lui convient; *elle a*, selon l'expression de Bossuet, *du pain pour les forts et du lait pour les faibles.*

« *Améliorer la situation morale de nos populations d'outre-mer ; assurer, en même temps, la prospérité présente et à venir de nos colonies,* c'est le vœu de la mère-patrie, ce sont les souhaits de nos bons et loyaux colons. Mais, dira-t-on peut-être, l'entreprise est grande, difficile ; qui pourra remplir ces vœux? concilier tous les intérêts? assurer d'une manière heureuse et positive la prospérité à venir de ce beau pays? Voilà le grand problème qui, depuis longues années, demeure insoluble au milieu des nations européennes. Mais ce que n'a pu faire l'humaine sagesse, la Religion saura l'accomplir d'une manière digne de l'esprit divin qui l'anime. Elle seule a reçu d'en haut le pouvoir suprême, la sublime mission d'éclairer tous les peuples et d'opérer leur bonheur pour le temps présent et pour la vie à venir. La religion conserve seule dans son sein la réunion des *éléments nécessaires et infaillibles* pour conduire à bonne fin l'œuvre qui nous occupe, l'augmentation du bien-être général et la conservation de la prospérité future du pays. *Apprendre au nègre, d'une manière claire et précise, les devoirs que lui prescrit la religion, en lui faisant connaître, en même temps, que Dieu lui impose l'obligation de remplir ces devoirs avec exactitude; lui faire aimer le travail, lui faire concevoir les devoirs de soumission, d'obéissance et de fidélité envers son maître, lui inspirer des idées d'ordre et de probité; l'initier aux sentiments de charité et à l'esprit de famille par le moyen des liens sacrés du mariage; conduire, en un mot, le nègre de l'état brut à l'état moral, et l'attacher au sol par les sentiments du devoir et de son propre bien-être ; ce serait fixer le sort de ce beau pays, et assurer la prospérité future des habitations, tout en améliorant en même temps la situation morale et matérielle des esclaves.*

« Lorsque, dans les temps à venir, il serait question d'émancipation, l'esclave se trouverait ainsi tout préparé à jouir de ce bienfait, qui alors seulement en serait un pour lui, et il ne cesserait de voir dans son maître un bienfaiteur et un protecteur.

« Que l'on se confie à la religion, que l'on s'empresse d'appeler parmi nous ses puissants secours, de multiplier le nombre de ses zélés et généreux apôtres, et, n'en doutons point, le *génie du christianisme nous montrera ses prodiges* ; cette même religion, qui, par ses idées lumineuses, par ses maximes saintes et pacifiques, exerce déjà une influence si heureuse sur ce beau pays de la Martinique, paraissant parmi nous dans toute sa force tutélaire et régénératrice, elle frappera des rayons de sa divine lumière toutes ces masses d'intelligences ténébreuses, et leur portera au fond de l'ame *la parole de Dieu*, cette parole miraculeuse, parole de lumière et de vérité, qui fixe partout où elle pénètre la paix et le bonheur ; elle plantera au seuil de l'humble chaumière la *croix du divin Rédempteur.....* Alors toutes les consciences seront éclairées, chacun connaîtra ses devoirs et saura les remplir ; le maître sera plus que jamais juste et humain envers ses esclaves ; l'esclave reconnaissant vivra soumis et tranquille. Tous les cœurs respireront à l'aise au sein d'une longue et heureuse prospérité, sans aucune crainte pour l'avenir, et ils ne cesseront de bénir, tous de concert, cette religion divine dont les saintes lumières et l'amour maternel auront fait le bonheur de tous.

« En conséquence de l'exposé de ces motifs, je pense, Messieurs, qu'il serait nécessaire d'adopter pour la colonie le projet suivant :

« *Projet d'organisation du clergé de la Martinique, pour répandre le bienfait de l'instruction religieuse dans tous les quartiers de la colonie.*

« 1° Le personnel du clergé de la colonie sera augmenté de douze prêtres. Ceux-ci seront spécialement chargés d'aller parcourir constamment les habitations du quartier qui leur sera assigné ; ils feront régulièrement dans chacune d'elles l'instruction religieuse, le jour et à l'heure qui seront fixés par le maître de l'habitation.

« 2° Deux personnes de chaque habitation seront particulièrement soignées et destinées à faire les répétitions du catéchisme, ainsi que la prière en commun, aux heures prescrites.

« 3° Les prêtres chargés de l'instruction religieuse, dans les habitations, adresseront à ce sujet un rapport, chaque mois, à M. le Préfet apostolique.

(13)

« 4° Le Préfet apostolique ira souvent visiter lui-même les paroisses et les habitations, dans les campagnes, afin de s'assurer personnellement de la bonne direction et des heureux résultats de l'instruction religieuse.

« 5° Ces mêmes prêtres, chargés de faire l'instruction religieuse dans les habitations, seront logés et nourris chez le curé de la paroisse à laquelle ils seront attachés avec le titre de vicaire.

« 6° Les appointements de chacun de ces douze prêtres seront fixés par an à. . . . . 2,000 fr.

« Ce qui donne un total de vingt-quatre mille francs, ci. . . . . 24,000 fr.

« Le gouvernement, dans des vues de réserve, et par système d'économie, a jugé convenable de réduire ce nombre de *douze* prêtres à *huit* seulement, eu attendant que l'état des finances coloniales puisse permettre de faire une autre allocation, afin de pouvoir en obtenir le nombre que l'on jugera nécessaire par la suite.

« Cette dépense, quoique déjà fort modique, paraîtra encore plus minime, si l'on pense qu'elle doit servir à *améliorer*, de la manière la plus satisfaisante, *la situation morale et matérielle de la population inférieure; à conserver une tranquillité parfaite; à assurer pour l'avenir la fortune tout entière de la colonie, de même que son bien-être général, sous le double rapport religieux et politique.*

« Tels sont, Messieurs, l'exposé des motifs et le projet d'instruction religieuse que le gouvernement de la colonie vient vous présenter dans des vues toutes paternelles et de haute sagesse, et qui ont pour but l'amélioration morale et matérielle de la population inférieure, et la conservation, en même temps, de la propriété de nos colons, et de la prospérité générale du pays.

« Telle est aussi toute ma pensée, mon intime conviction : la propagation de l'instruction religieuse dans la colonie est d'une nécessité absolue.

« Oui, Messieurs, cette instruction religieuse est, pour le pays, dans les circonstances actuelles surtout, d'une urgente nécessité; elle est votre secours le plus puissant , votre meilleur appui; *c'est la planche de salut.* Hâtez-vous de la saisir; elle vous est offerte par une main divine, je veux dire par la *religion,* cette religion tutélaire et toute puissante, que vous vénérez; elle fut aussi vénérée par vos pères, qui vous l'ont léguée comme la portion la plus précieuse de leur héritage.

« Messieurs, je finis : ce n'est point seulement comme envoyé du gouvernement, et en ma qualité de chef du clergé, que je viens aujourd'hui solliciter avec empressement auprès de vous l'adoption du projet qui vous est présenté; mais c'est encore comme un des hommes qui sont les plus sincèrement dévoués à vos intérêts les plus chers, à ceux de toute la colonie; c'est, j'oserai même dire, comme un de vos meilleurs amis que je viens de vous adresser ces paroles, qui sont l'expression franche et loyale de ma conscience, et qui seront, je n'en doute point, bien comprises par vous; elles seront accueillies avec faveur, j'en ai la confiance, par les sentiments nobles et élevés dont vos cœurs généreux sont animés pour la religion et pour la prospérité générale de la colonie. »

Ce projet de M. le Préfet apostolique est mis aux voix et adopté à l'unanimité par le conseil colonial, après une discussion dans laquelle quelques membres, pénétrés de l'importance de la question, ont proposé de dépasser les allocations demandées.

IMPRIMERIE DE H. FOURNIER ET COMP., RUE DE SEINE, 14.